LES PROMENADES DE PA...

PAR A. ALPHAND.

# TABLE DES GRAVURES SUR BOIS HORS TEXTE

## DES GRAVURES SUR ACIER[1] ET DES CHROMOLITHOGRAPHIES

### CLASSÉES PAR ORDRE DES MATIÈRES[2]

*Les Gravures sur Bois sont indiquées par des caractères italiques; — les Gravures sur Acier par une \*; — et les Chromolithographies par de PETITES MAJUSCULES.*

---

\* FRONTISPICE DES PROMENADES DE PARIS, GRAVÉ SUR CUIVRE.

\* PLAN GÉNÉRAL DE PARIS, AU POINT DE VUE DES PROMENADES.

## BOIS DE BOULOGNE

\* *État ancien du Bois de Boulogne. — Plan.*
\* *État actuel du Bois de Boulogne. — Plan.*
*Vue du grand Lac.*
*Mare Saint-James.*
*Vue du Pont des Îles.*
*Mare d'Arménonville.*
*Grande Cascade.*
\* *Kiosque de l'Empereur.*
\* — *Détails.*
\* *Embarcadère des Lacs.*
\* *Porte des Princes, Pavillon.*
\* *Porte de Neuilly,* —
\* *Porte de Bagatelle,* —
\* **Portes, Grilles, Bancs :** *Porte de la Muette, Porte Maillot, Porte Dauphine, Porte de Passy, Grilles du Ranelagh, Grille du Boulevard de l'Impereur, Boulevard du grand Lac, Clôture du Parc aux Daims, Bancs.*
*Théâtre des Fleurs de Pré-Catelan.*
\* *Tribunes, perspective et plan général.*
\* *Tribune impériale, façade (par Lebel).*

\* *Tribune impériale, façade et coupe (par Guillaumot fils).*
\* *Tribune réservée, façade et plan.*
\* *Tribune réservée, façade et coupe.*
\* *Tribunes publiques, façades et plans.*
*Cercle des Patineurs. Fête de Nuit.*
*Jardin d'Acclimatation. Plan.*
\* *Glacières.*
\* *Puits artésien de Passy. Atelier du forage.*
\* — *Coupe géologique et plan du Square.*
\* *Pharsisir de la Muette. Plan.*
\* *Serres du Fleuriste de la Muette : Serres hollandaises, à multiplication, à terrage.*
*Vue intérieure de la Serre des Palmiers.*
Begonia rex. Var. Imperator.
Musa Ensete.
Colocasia Bataviensis.
Coleus. Variétés : Verschaffelti, Veitchii.
Begonia Klotzsch.
Dracaena Africa.

Solanum Warscewiczii.
Centaurea Gymnocarpa (T inhach Hersfil.)
Maranta Veitchii.
Canna. Variétés : Canna Annei, zebrini, nigricans.
Wigandia Vigieri.
Gazania.
Begonia Fuchsioides et Frutescens.
Verbena. Variétés : Gloire de Caire, Rahmetti, superbe, alba, Croix de Malte.
Erythrina. Variétés : crista-galli et ruberrima.
Petunia. Variétés : violacea (Abondance), syringaeflora (Comtesse d'Hérouse).
Hibiscus Général Courtigis.
Fuchsia Hybrida. Variétés : Alfimann, Pauline, Vainqueur de Puebla.
Dalbertonia Magnifica.
Pelargonium zonale inquinans. Variétés : Gloire de Corbeny, Madame Pollock, Henri Lierval.
Phlox Drummondi.
Nepenthes Dogneri.

## BOIS DE VINCENNES

\* *État ancien du Bois de Vincennes. — Plan.*
\* *État actuel du Bois de Vincennes. — Plan.*
*Vue du Lac Saint-Mandé.*
*Vue de la Route des Îsulles.*
*Vue de l'Avenue Daumesnil.*
*Vue du Donjon, prise à la Porte de Saint-Mandé.*

*Vue près du Plateau de Gravelle (par Gaildrau).*
\* — *(par Clergel).*
\* *Huître.*
\* *Pont de l'Île de Reuilly.*
\* *Bateaulx de l'Île Daumesnil.*
*Bateaulx et Grotte de l'Île de Reuilly.*

*Vue prise de la Route de la Plaine.*
\* *Usine hydraulique de Saint-Maur (deux planches).*
\* *Maison de Garde.*
\* **Portes, Clôtures :** *Porte Daumesnil, Plan et Détails; Grotto-Corges ; Clôture des propriétés riveraines; Porte des propriétés riveraines.*

## PROMENADES INTÉRIEURES DE PARIS

\* *Plan du Parc de Monceaux. État actuel, et Plan du Parc avant sa transformation.*
*Vue de la grande Avenue du Parc de Monceaux.*
*Vue de la Naumachie.*
\* **Portes et Clôtures :** *Grandes Portes, Clôture des propriétés riveraines, Clôture sur le Boulevard de Courcelles du Parc du Monceaux.*
\* *Pont au Parc Monceaux.*
**PLAN DES COUCHES DE NIVEL DU PARC DES PETITS CHAGNONS.**
\* *Plan général des Buttes-Chaumont.*
*Vue des Falaises* —
*Vue donnant sur le Lac* —
\* *Rotonde* —
\* *Jacqueria* —
\* *Café-Restaurant* —
\* *Pavillon de Garden* —
\* *Parc de Montsouris, Square Victor, Portes du Chalet et Wallebert.*
\* *Plan général des Champs-Élysées.*
*Vue intérieure*
*Vue de la grande Avenue*
*Fontaine du Cirque*
\* *Panorama*
*Concert*
\* **Voie publique, Mosaïques et Orchestre :** *Orchestre des Champs-Élysées; Boutiques aux Champs-Élysées, en Luxembourg, au Square des Arts-et-Métiers et sur les Boulevards.*
\* **Voie publique. Bureaux et Kiosques :** *Bureau de la Compagnie des Omnibus aux Champs-Élysées et Kiosque ordinaire; Bureau de sur réfloui de valimon du plcar; Kiosque de marchand de journaux.*
\* **Voie publique. Grisoies :** *Urinoirs du Boulevard Sébastopol, des Champs-Élysées, de la Place du*

\* *Palais-Royal, des Boulevards; colonne-Affichart.*
\* *Squares Saint-Jacques et Louis XVI. Plans.*
\* *Clôtures des Squares Louis XVI, Louvois, Lalande, Saint-Jacques, de la Réunion et du Temple.*
\* *Square des Arts-et-Métiers. Plan.*
\* — **Détails :** *Fontaine; Colonne de la Victoire; Grille; monument la Colonne; Balustrade en Vase; Candélabre et Porte d'entrée.*
\* *Square des Innocents et Saints-Gilldidé. Plans.*
\* *Fontaine des Innocents avec les Clôtures des Squares des Innocents et de Saints-Gilldis.*
\* *Square de Temple. Plan.*
\* *Square Montholon et de la Trinité. Plans.*
\* *Clôture des Squares Montholon et de la Trinité.*
\* *Squares des Batignolles. Plan.*
\* — **Détails :** *Grille de clôture; Banc; Passage à pur sur la rivière; Barrage de la rivière; Kiosque de garden; Porte-Affiche; Rocher; Caveau pour serrer les outils.*
\* — *Pas à vol d'oiseau.*
\* *Squares Louvois et de la Réunion. Plans.*
\* *Squares Delabarde, Vintimille, Montrouge et de l'École polytechnique. Plans.*
\* *Squares des Invalides, Notre-Dame, Place du Carrousel, du Prince-Eugène et Royale. Plans.*
\* *Square Popincourt, Place Sainte-Geneviève (Reflueiße), de Grenelle et de la Chapelle. Plans.*
\* *Place de l'Étoile, du Château-d'Eau et Malesherbes. Plans.*
\* *Place du Roi-de-Rome. Plan.*
\* *Exposition universelle de 1867. Plan.*
*Jardin du Luxembourg. Plan.*
*Vue du Palais du Luxembourg.*

*Parterre de Médicis, au Luxembourg.*
\* *Café-Restaurant.*
\* *Grottes et Abri.*
\* *Avenue de l'Impératrice, Plan et Profil; Grille de clôture des propriétés riveraines; Candélabre de la place de l'Étoile.*
\* *Avenue de l'Impereur, Plans ; Profils et Murs de soutènement.*
\* *Boulevard Richard-Lenoir; Plant, Profils, Canal Saint-Martin, Clôture du Canal à l'extrémité du Boulevard.*
\* *Fontaine de la Plant de la Madeleine et Plan de la Place.*
\* *Fontaine de la Place du Chatelet.*
\* **Profils de Voies publiques (deux planches) :** *Boulevard des Batignolles; Boulevard (l'Italie; Rue de Rivoli; Route militaire; Avenue de la Reine-Hortense; boulevard de Sébastopol; Avenue de la Grande-Armée, Rentier à soulis.*
\* **Voie publique. Candélabres :** *Candélabre ordinaire; Candélabre des refuges; Candélabre porte-affiches; Candélabre à console; Appareil du théâtre de l'Odéon; Appareil de la Rue de Rivoli.*
\* **Voie publique. Détails :** *Plant et Profils des trottoirs; Bout douglus; Chasse-Bœur; Grille en fonte servant à garantir le pied des arbres; Plan indiquant la disposition des drains tavant à l'auvurge et à l'arrosage.*
\* **Types des Égouts :** *Collecteur général (de la Place de la Concorde au Pont d'Asnières); Boulevard Sébastopol; Collecteurs (dérivation de la Bièvre, Quais de la Rive gauche et de la Rive droite, Boulevard d'Eylru, etc.); Boulevard Saint-Michel, Collecteurs (Quai du Gêvres, Boulevard Ney, etc.); Collecteurs (Clôture de la rive droite, etc.); Rue de Rivoli, Rue Pueble, Boulevard Malesherbes ; Boulevards du Temple, Beaumarchais et Boulevards intérieurs; Branchements de bouche et de regard; Types divers.*

1. Les très grands Plans, de Paris, du Bois de Boulogne et du Bois de Vincennes, sont comptés comme planches doubles dans les 30 Gravures sur acier contenues dans l'ouvrage.

2. Cette table doit être placée après la l'Investigation.

— E —

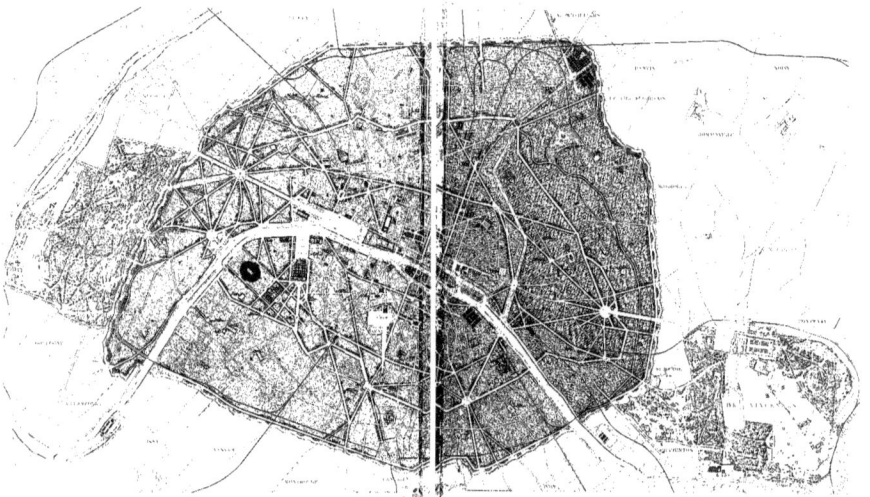

# LE BOIS

# DE BOULOGNE

## PLANCHES

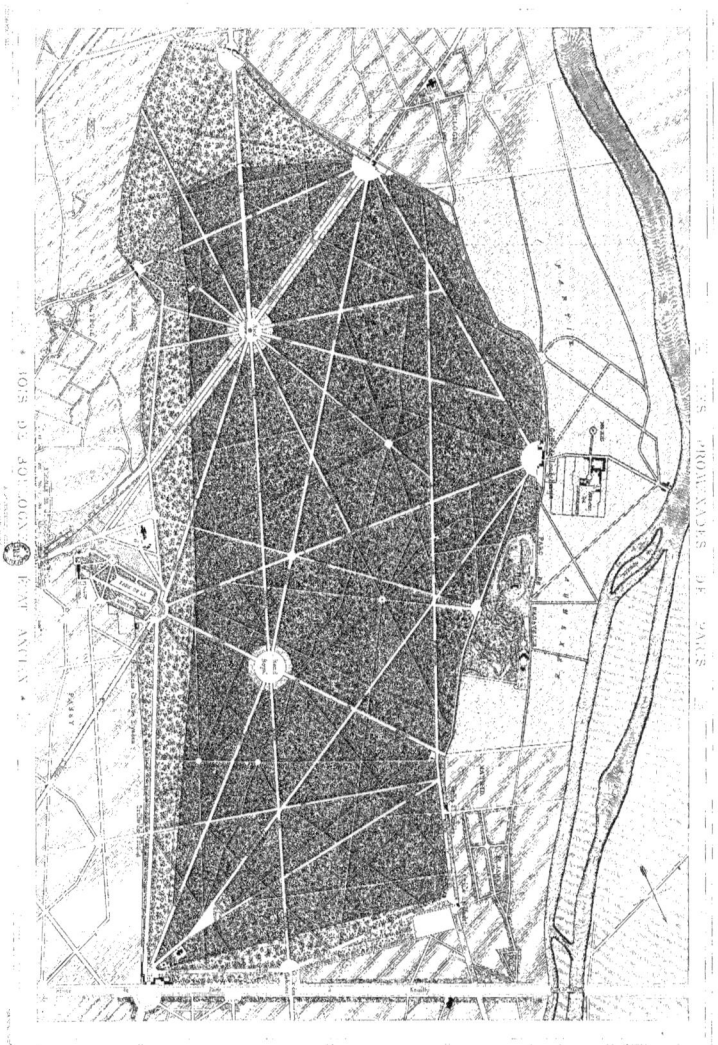

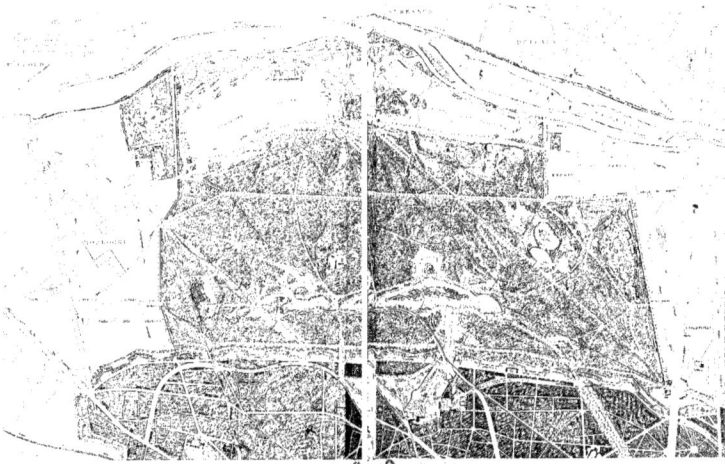

LES PROMENADES DE PARIS

BOIS DE BOULOGNE — VUE DU GRAND LAC

LES PROMENADES DE PARIS

LES PROMENADES DE PARIS

BOIS DE BOULOGNE — VUE DES LACS SUR L'ÎLE

LES PROMENADES DE PARIS

BOIS DE BOULOGNE — MARE D'AUTEUIL

LES PROMENADES DE PARIS

BOIS DE BOULOGNE — GRANDE CASCADE

◫ • LES PROMENADES DE PARIS • ◫

◫ • BOIS DE BOULOGNE • KIOSQUE DE L'EMPEREUR • ◫

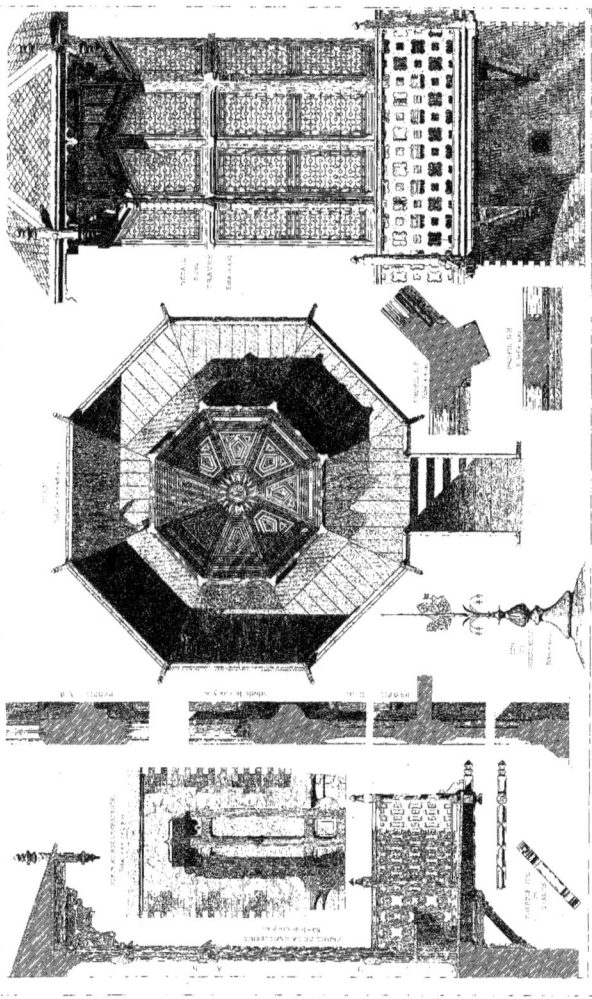

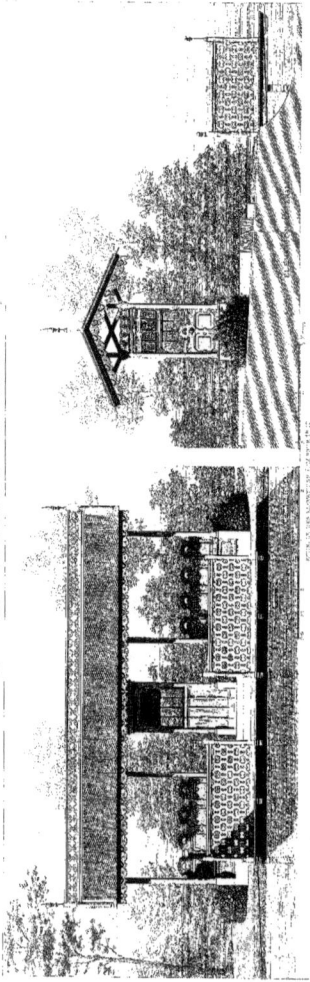
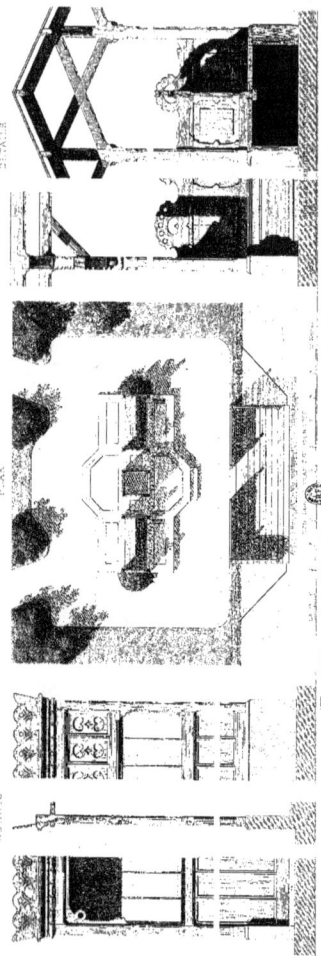

LES PROMENADES DE PARIS

BOIS DE BOULOGNE — CENTRE DES FLEURS DU PRÉ CATELAN.

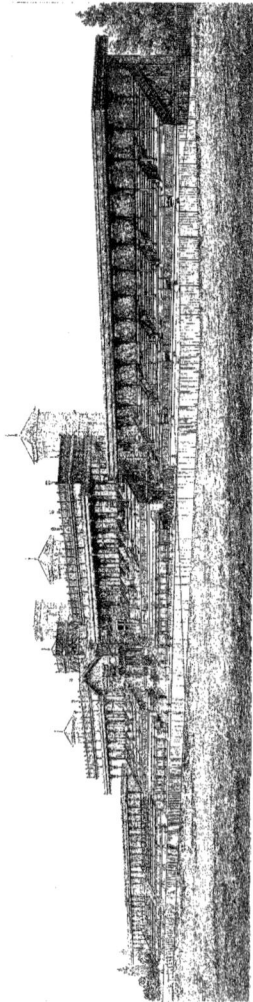

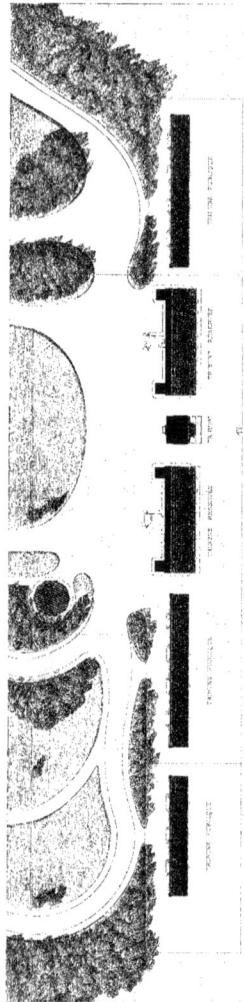

LES PROMENADES DE PARIS

BOIS DE BOULOGNE · TRIBUNES · PERSPECTIVE ET PLAN GÉNÉRAL

BOIS DE BOULOGNE — RUE XV PAVILLON R

PLAN DU REZ DE CHAUSSÉE

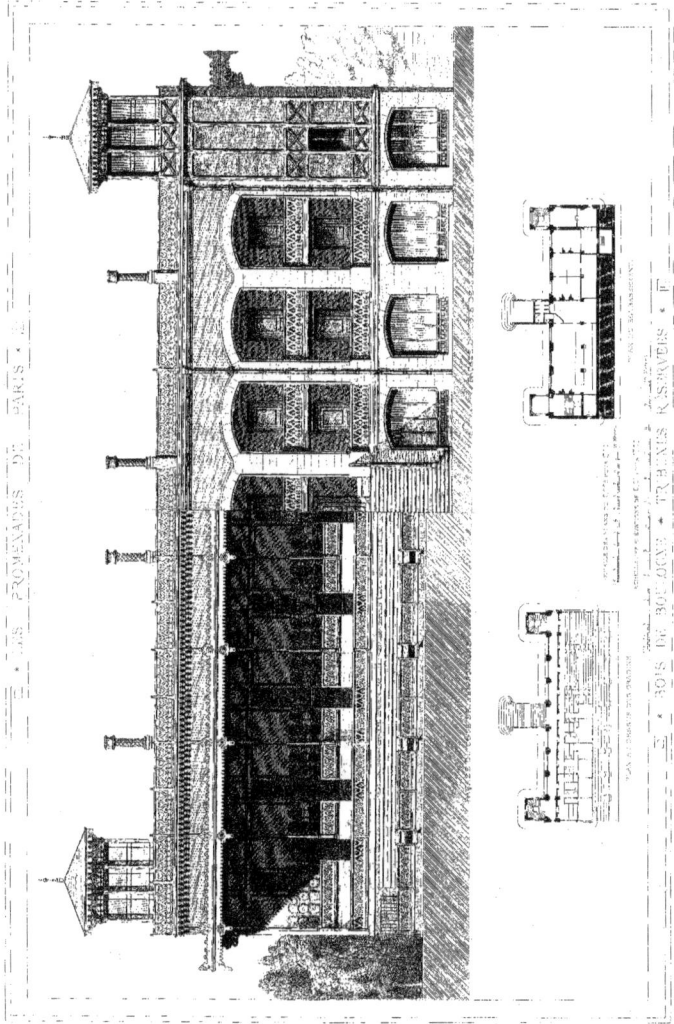

LES PROMENADES DE PARIS

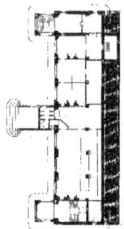

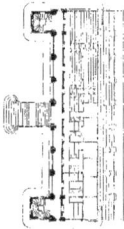

BOIS DE BOULOGNE — TRENTE RESERVOIRS

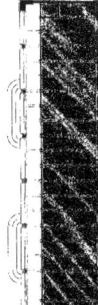
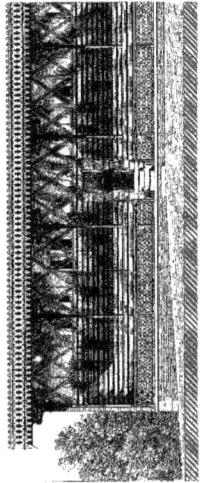
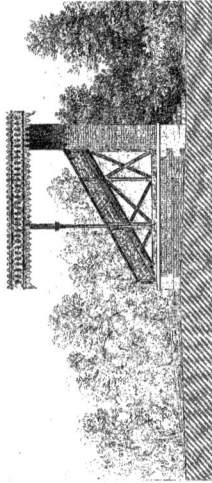
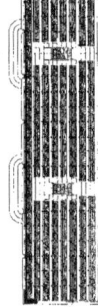

BOIS DE BOULOGNE — OUVRAGES D'ART

LES PROMENADES DE PARIS

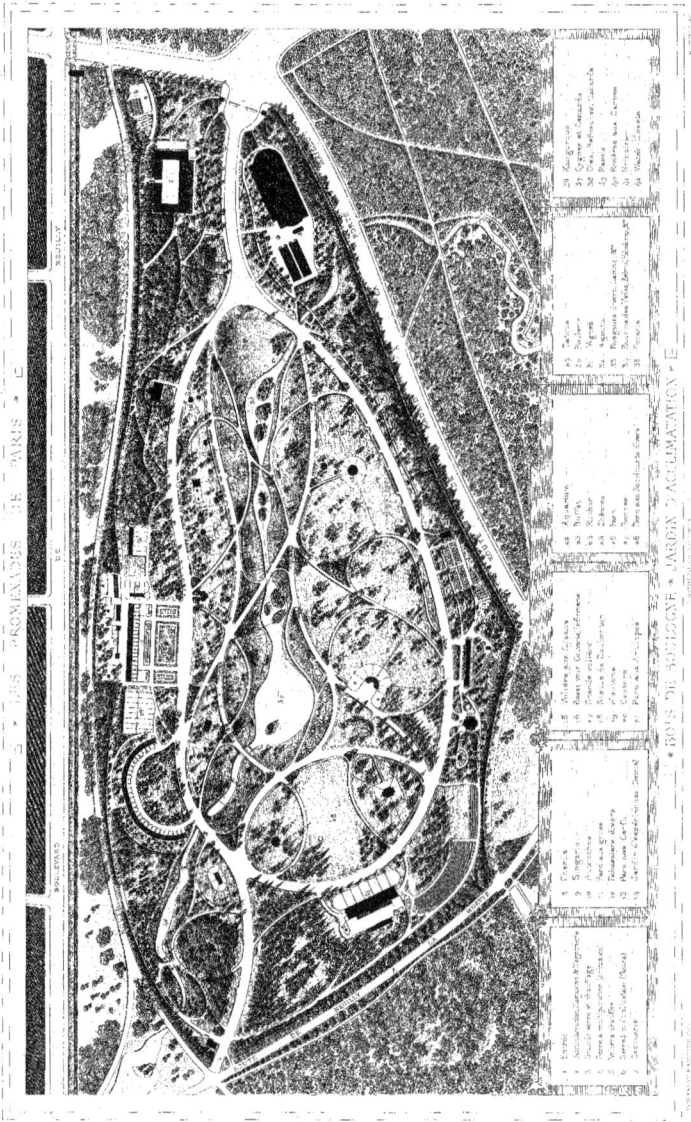

BOIS DE BOULOGNE * JARDIN D'ACCLIMATATION *

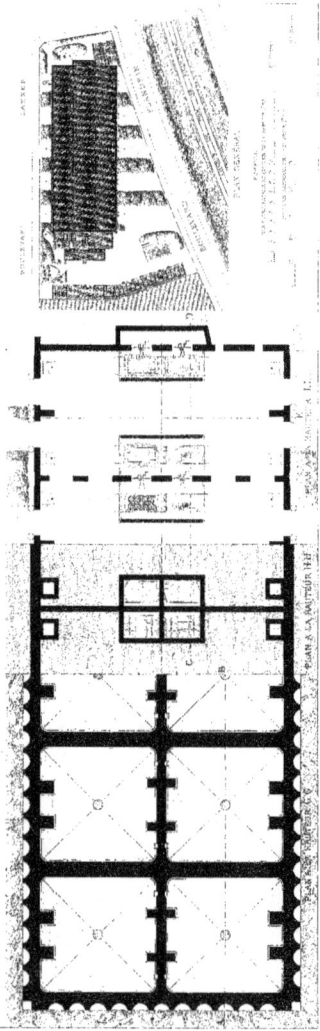

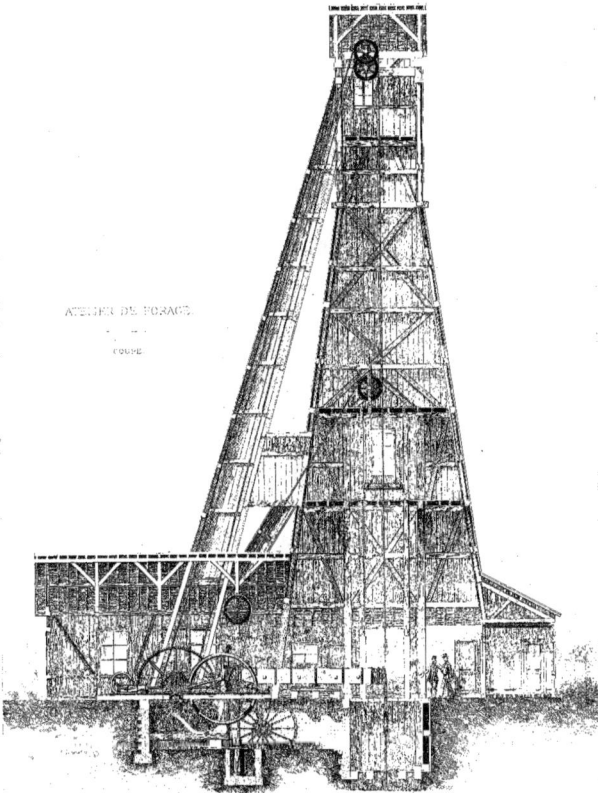

ATELIER DE FORAGE

COUPE

LÉGENDE.

PLAN.

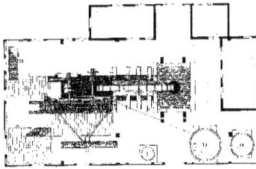

PUITS ARTÉSIEN DE PASSY

LES PROMENADES DE PARIS

COUPE GÉOLOGIQUE

COUPE DU PUITS

PUITS ARTÉSIEN DE PASSY

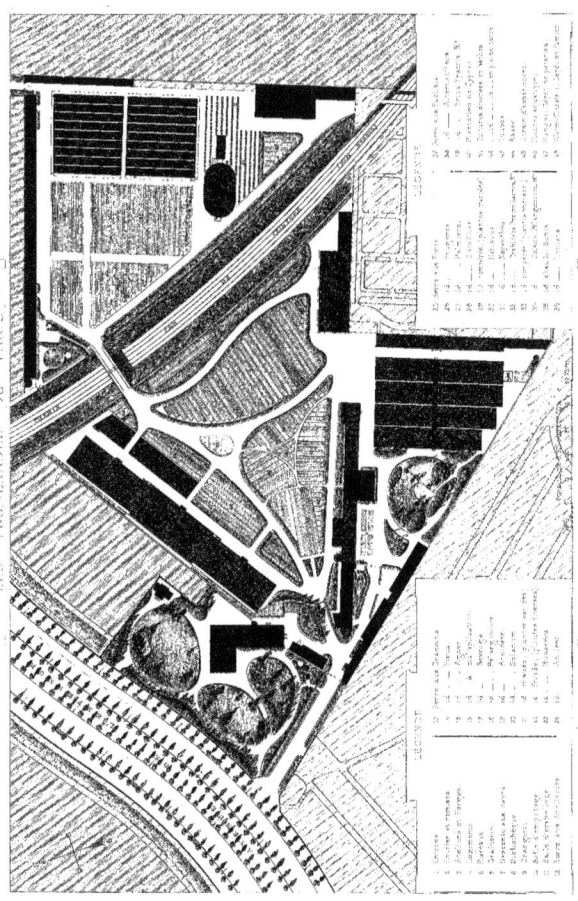

LÉGENDE

1 — Entrée
2 — Pavillon d'entrée
3 — Portique et terrasse
4 — Logements
5 — Bureaux
6 — Serre
7 — Grand bassin central
8 — Bibliothèque
9 — Orangerie
10 — Salle à manger d'été
11 — Salle à manger d'hiver
12 — Serre-aux-cactées

LÉGENDE

13 — Serre aux palmiers
14 — Serre aux fougères
15 — Serre aux plantes de terre de bruyère
16 — Chemin de galerie
17 — Serre chaude, plantes tropicales
18 — Orchidées
19 — Nymphéas
20 — Laboratoire
21 — Roseraie
22 — Jardin d'hiver
23 — Plantes aquatiques
24 — Plantes économiques

LE BOIS DE BOULOGNE — FLEURISTE DE LA MUETTE

SERRE A MULTIPLICATION

SERRE ANNEXE

SERRES DE JANVIER

SERRES DE BOULOGNE

SERRES DE FLEURISTE DE LA MUETTE

*LES PROMENADES DE PARIS*

FLEURS DE LA VILLE DE PARIS — UNE INTÉRIEUR DE LA SERRE DES PALMIERS

# FLORE ORNEMENTALE

DES PROMENADES

# DE PARIS

PLANCHES

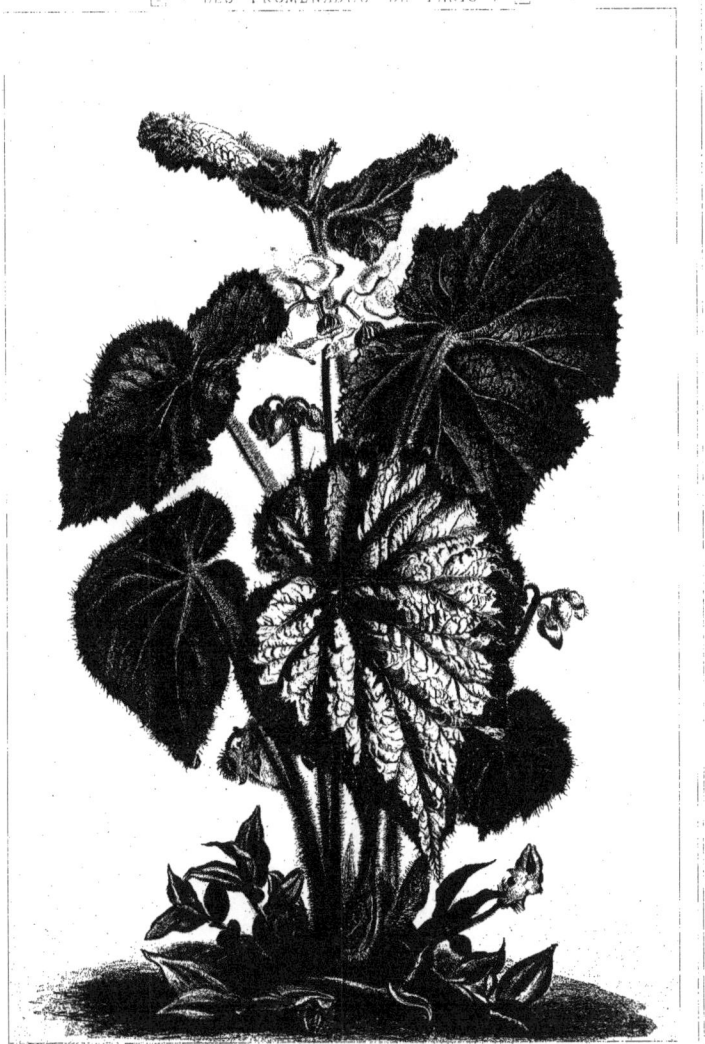

BEGONIA REX VAR. IMPERATOR

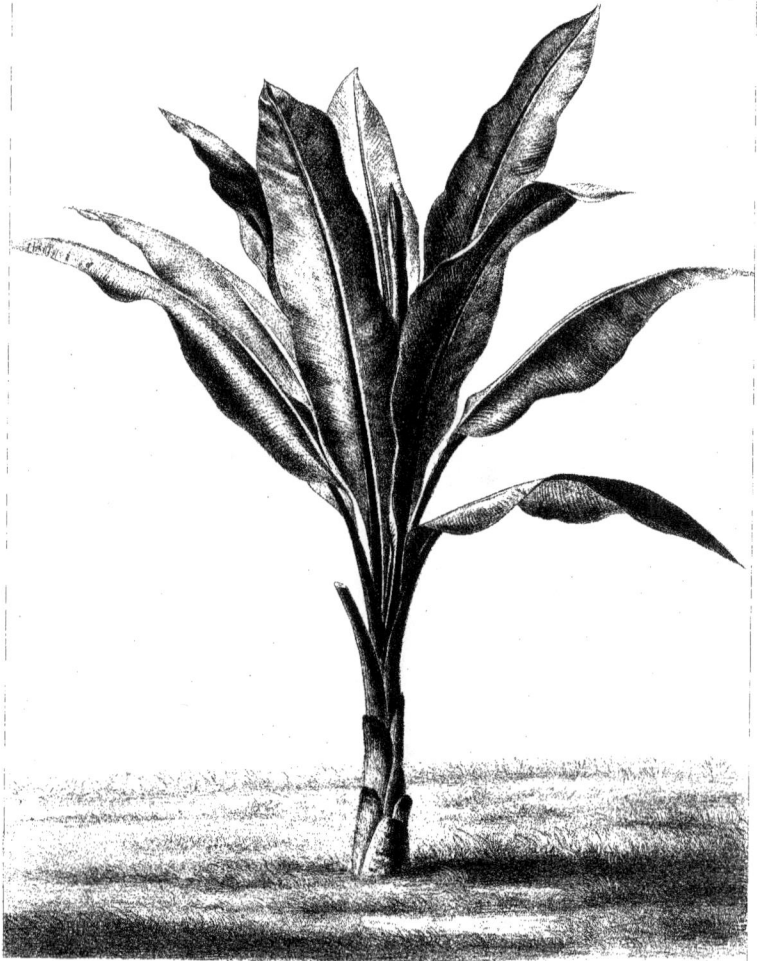

MUSA ENSETE

COLOCASIA BATAVIENSIS.

Choque Verschaffelt
Coleus Verschi

COLEUS

BEGONIA RICINIFOLIA

▣ • DRACAENA STRICTA • ▣

SOLANUM WARSCEWICZII

CENTAUREA CANDIDISSIMA · IRESINE HERBSTII

MARANTA VEITCHII

CANNA

WIGANDIA VIG FRIT

GAZANIA

1. Begonia Echinoides
2. ...... prestoniensis

BEGONIA

P. LAMBET X. PINXIT

LITH DURAND JOUVELIN

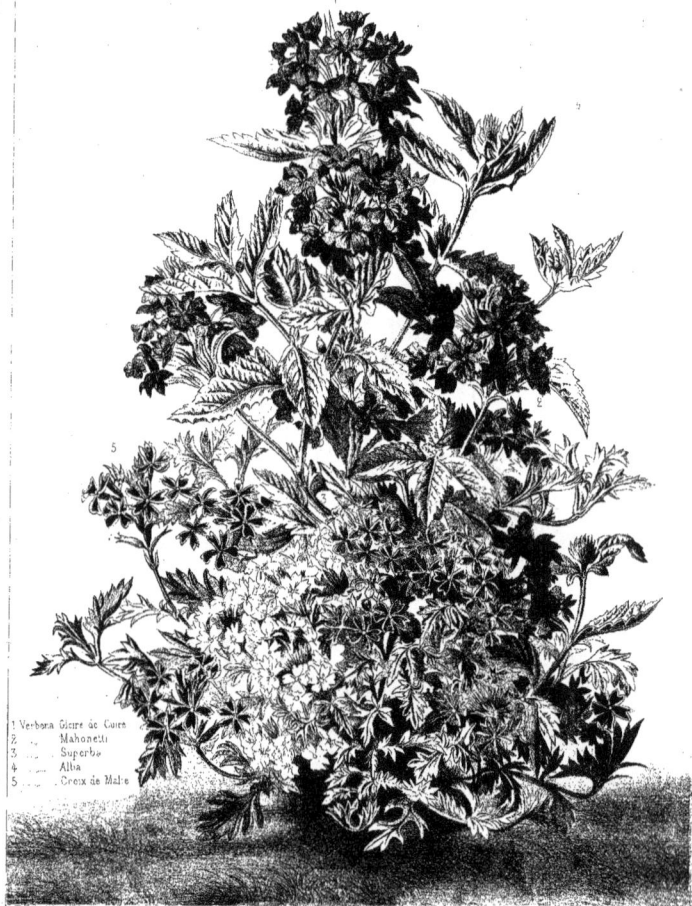

1. Verbena Gloire de Cares
2.      Mahonetti
3.      Superbe
4.      Alba
5.      Croix de Malte

VERBENA

1. Erythrina crista-galli
2. ........ rubernima.

1. Petunia violacea
(abondance)
2. Petunia nyctagin.flora
(Comtesse d'Alsemeuse)

HIBISCUS GÉNÉRAL COURTIGIS

VARIÉTES.

1. Rifleman.
2. Pauline.
3. Vainqueur de Puebla.

FUCHSIA HYBRIDE

DAUBENTONIA MAGNIFICA

VARIETES
1. Fleur de Berbery
2. Manteau Parlons
3. Henri Lierval

PELARGONIUM ZONALE INQUINANS

PHLOX PERENNANT

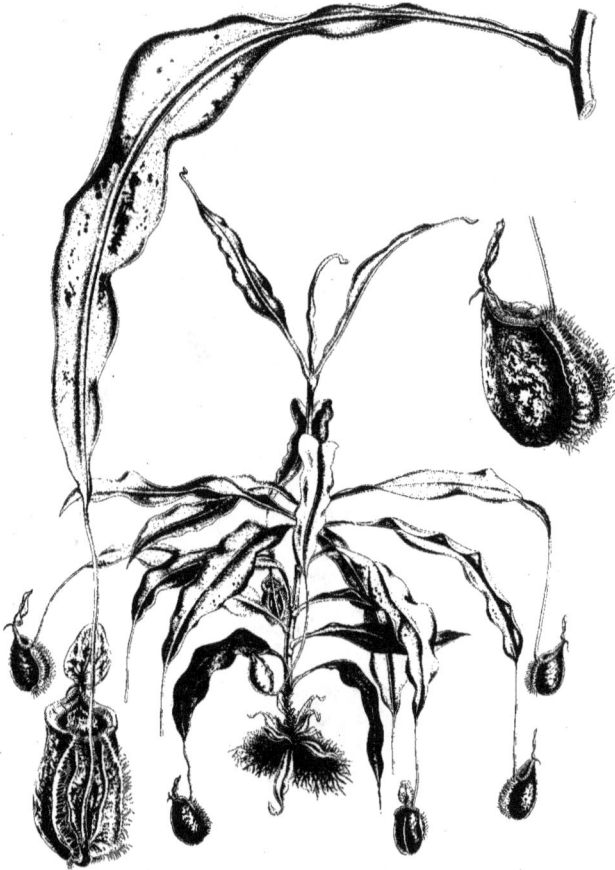

NEPENTHES HOOKERII

# LE BOIS

# DE VINCENNES

PLANCHES

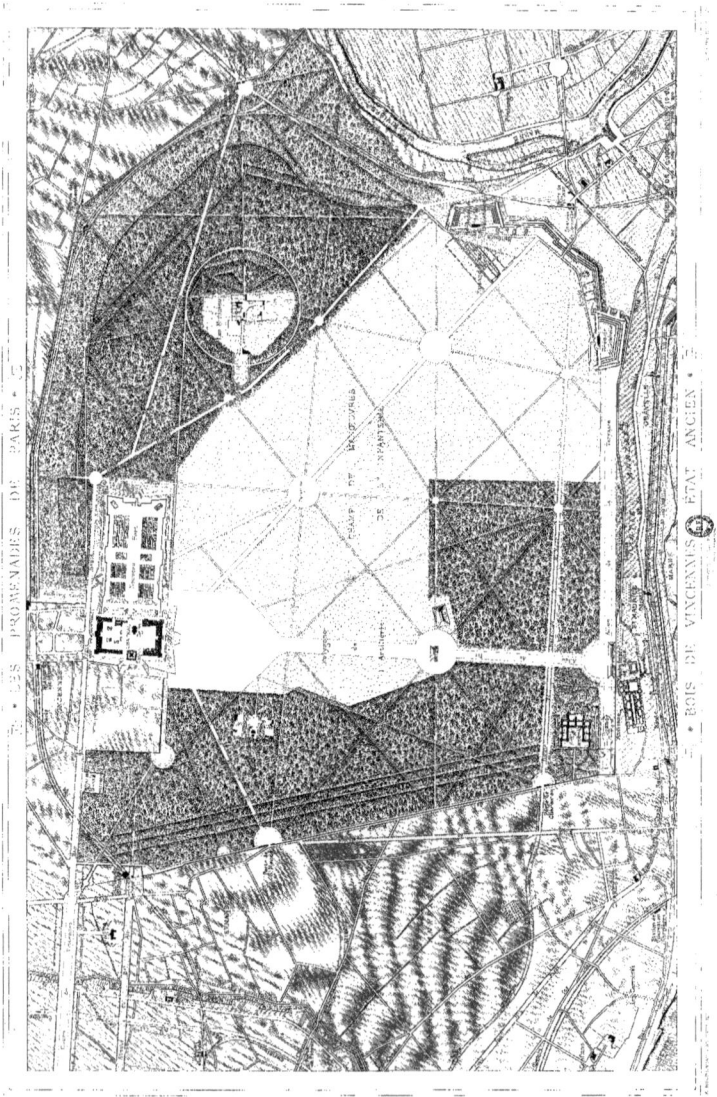

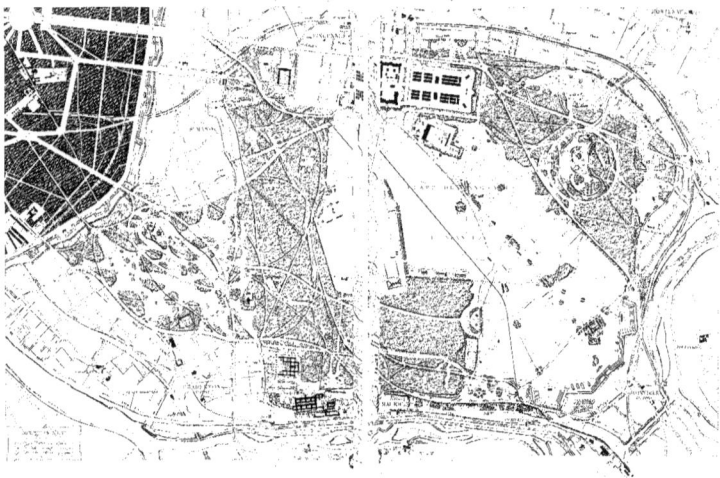

LES PROMENADES DE PARIS

BOIS DE VINCENNES — VUE DU PAS DE SAINT-MANDÉ

LES PROMENADES DE PARIS

BOIS DE VINCENNES — VUE DE LA ROUTE DES DAMES

LES PROMENADES DE PARIS

BOIS DE VINCENNES — VUE DE L'AVENUE DAUMESNIL

LES PROMENADES DE PARIS

LES PROMENADES DE PARIS

BOIS DE VINCENNES. — VUE PRISE DU PLATEAU DE GRAVELLE

LES PROMENADES DE PARIS

BOIS DE VINCENNES. — VUE PRISE DU PLATEAU DE GRAVELLE

BOIS DE VINCENNES — EXÈDRE

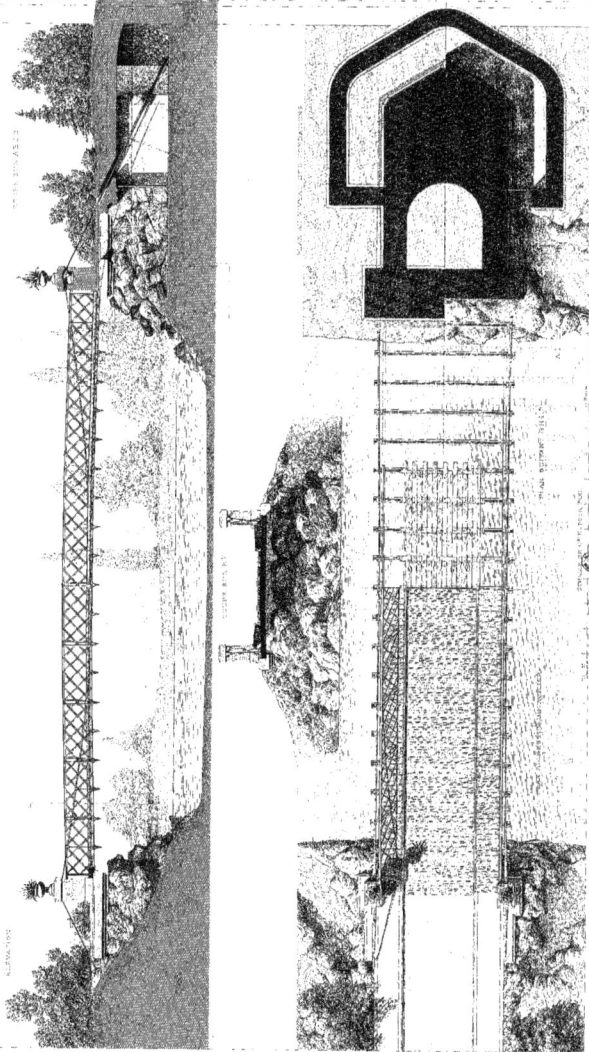

BOIS DE VINCENNES — LAC DE GRAVELLE

COUPE SUIVANT AB

PLAN

ÉLÉVATION

DÉTAILS

· BOIS DE VINCENNES · ROTONDE DE L'ILE DAUMESNIL ·

LES PROMENADES DE PARIS

BOIS DE VINCENNES — PELOUSES ET GROTTE DU LAC DE GRAVELLE

LES PROMENADES DE PARIS

BOIS DE BOULOGNE — VUE PRISE DE ROUTE DE LA PORTE DE MADRID À LA PORTE DE SÈVRES

BOIS DE VINCENNES · · USINE HYDRAULIQUE DE ST MAUR ·

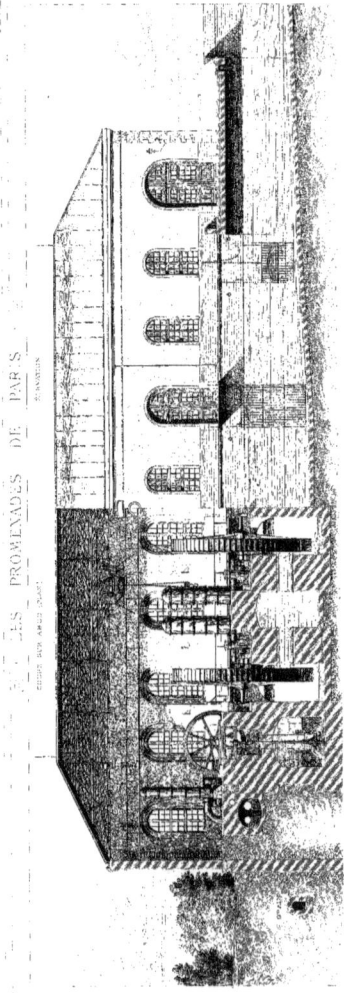

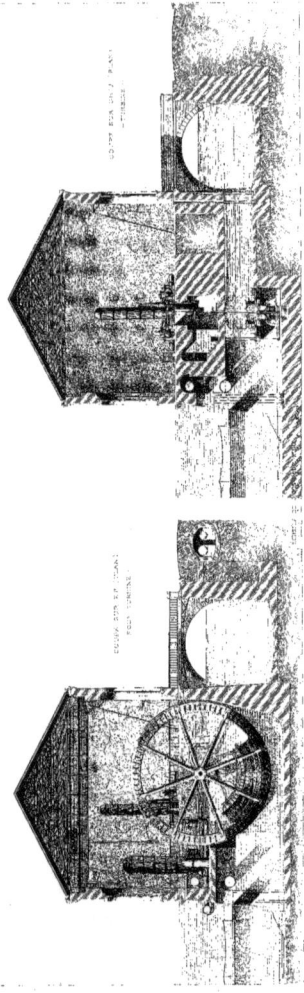

BOIS DE VINCENNES — USINE HYDRAULIQUE DE ST MAUR

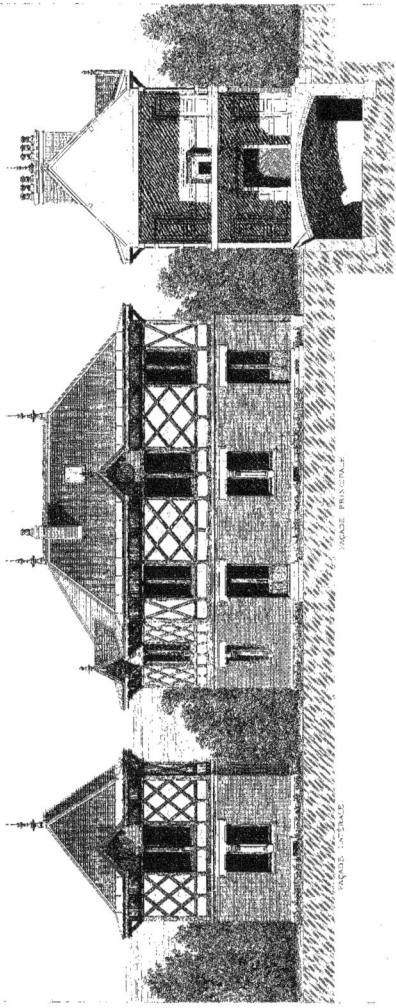

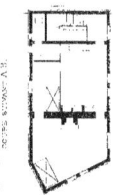

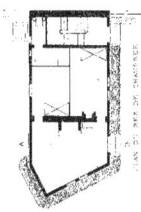

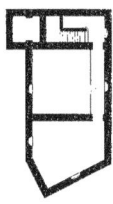

BOIS DE VINCENNES — MAISON DE GARDES

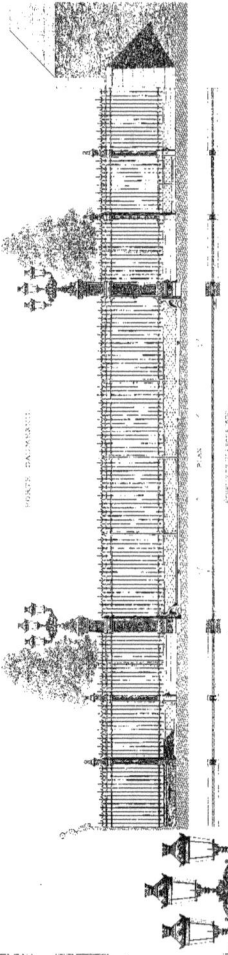

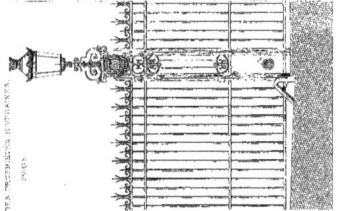

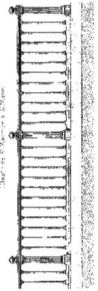

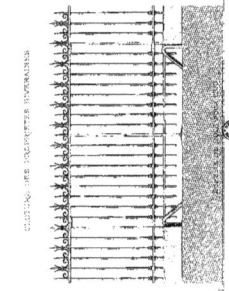

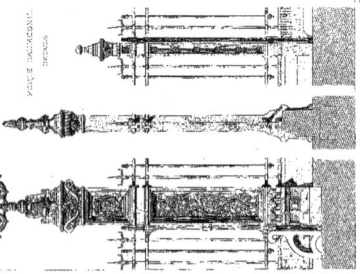

LES

# PROMENADES INTÉRIEURES

## DE PARIS

PLANCHES

LES PROMENADES DE PARIS

PARC DE MONCEAU

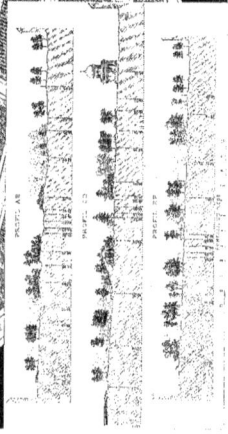

LES PROMENADES DE PARIS

PARC DE MONCEAUX — VUE DE LA GRANDE AVENUE

LES PROMENADES DE PARIS

PARC DE MONCEAUX. — VUE DE LA NAUMACHIE

LES PROMENADES DE PARIS

PARC DE MONCEAU · PORTES · CLÔTURES

LES PROMENADES DE PARIS

PARC DE MONCEAUX

PLAN DES COURBES DE NIVEAU · PARC DES BUTTES-CHAUMONT ·

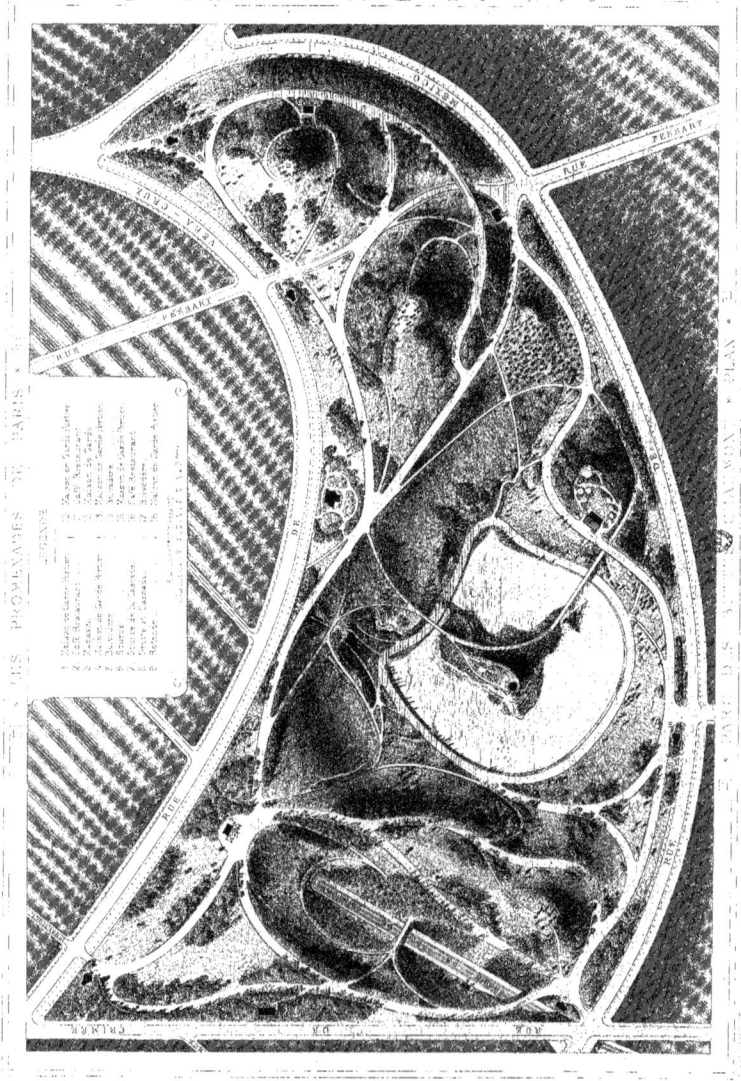

LES PROMENADES DE PARIS

PARC DES BUTTES-CHAUMONT. — VUE DES FALAISES

LES PROMENADES DE PARIS

PARC DES BUTTES CHAUMONT — VUE DONNANT SUR LE LAC

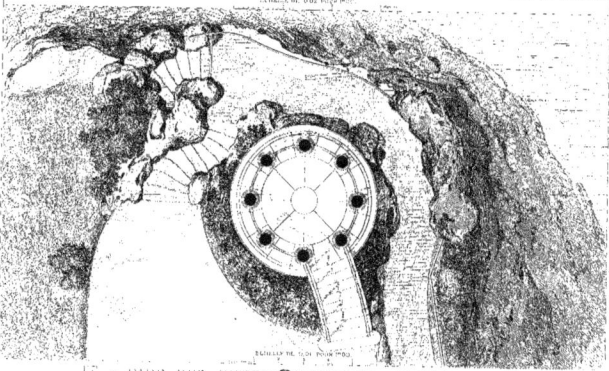

PARC · DES · BUTTES·CHAUMONT · ROTONDE ·

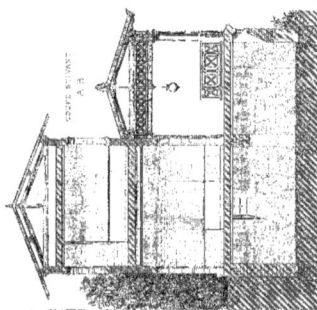

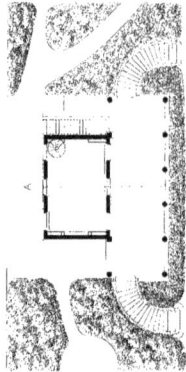

FAÇADE PRINCIPALE

FAÇADE LATÉRALE

COUPE SUIVANT A.B.

PLAN DU REZ DE CHAUSSÉE

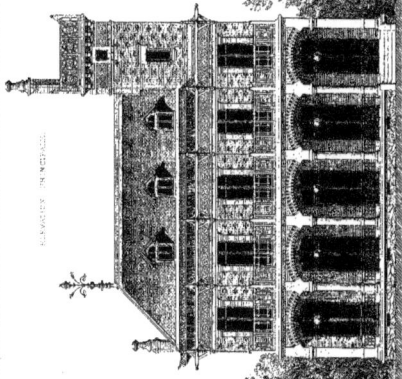

PARC DES BUTTES CHAUMONT · CAFÉ RESTAURANT

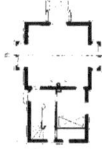

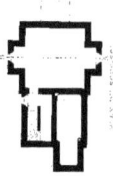

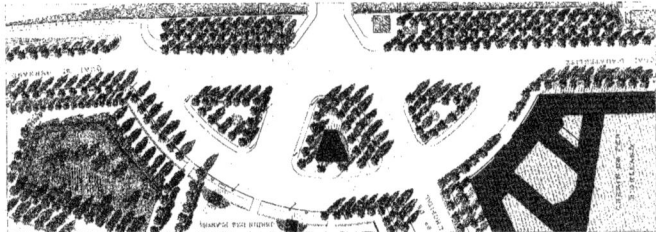

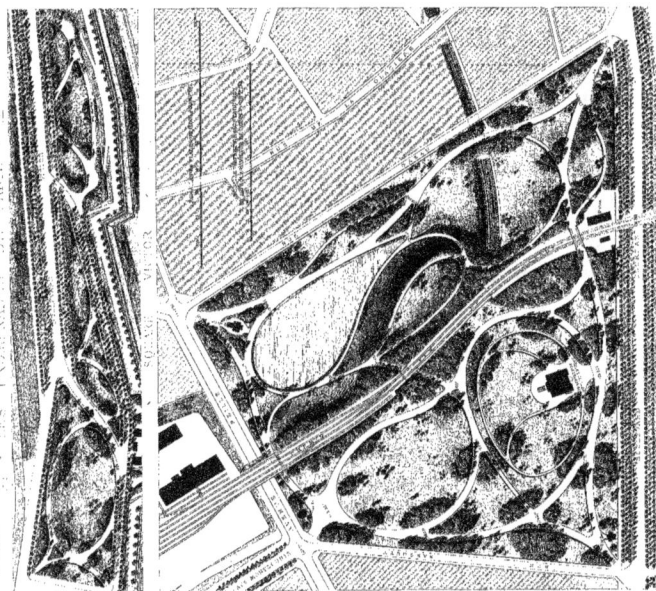

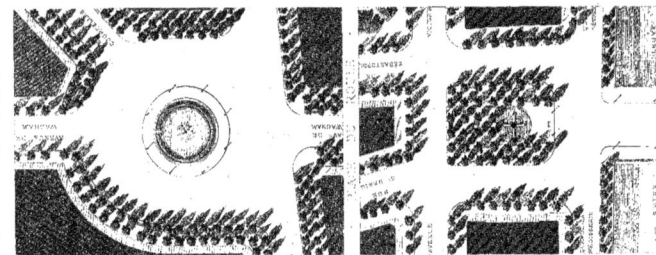

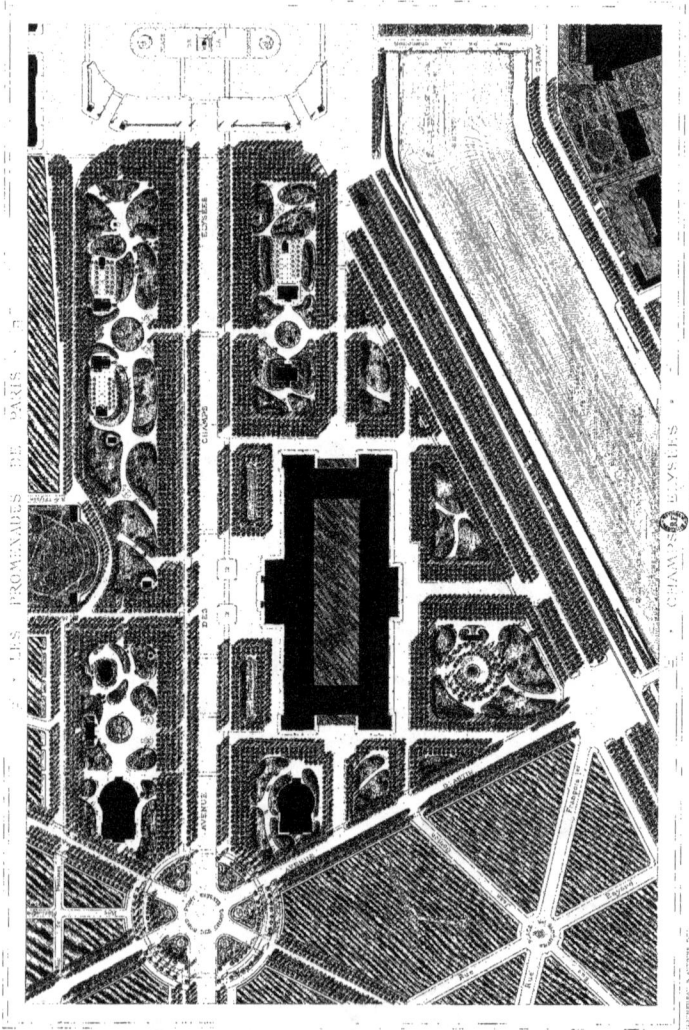

CHAMPS ÉLYSÉES

LES PROMENADES DE PARIS

VUE INTÉRIEURE DES CHAMPS-ÉLYSÉES

LES PROMENADES DE PARIS

CHAMPS-ÉLYSÉES. — VUE DE LA GRANDE AVENUE.

LES PROMENADES DE PARIS

LE PARC DE VINCENNES. — FOUGÈRE D'ARBRE

ÉLÉVATION

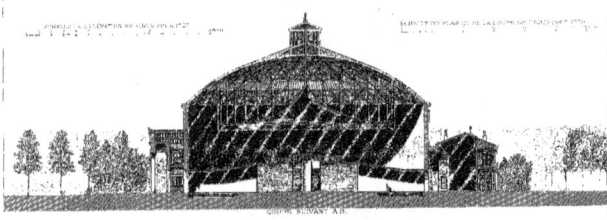

COUPE SUIVANT A B

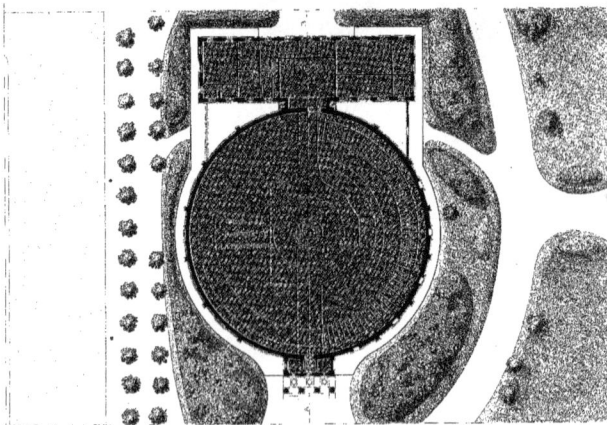

LES PROMENADES DE PARIS

ENTRÉE DES CHAMPS-ÉLYSÉES

VOIE PUBLIQUE — KIOSQUES & ORCHESTRE

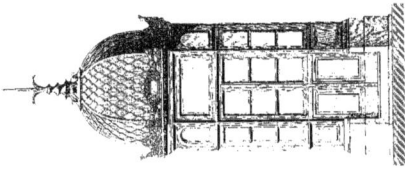

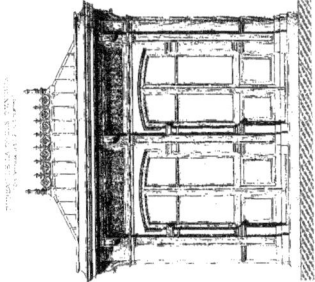

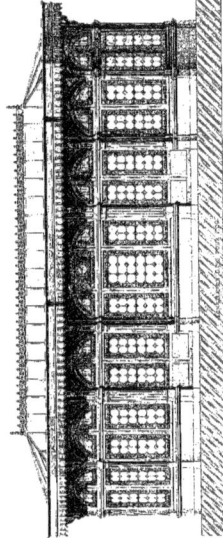

VOIE PUBLIQUE — BUREAUX & KIOSQUE

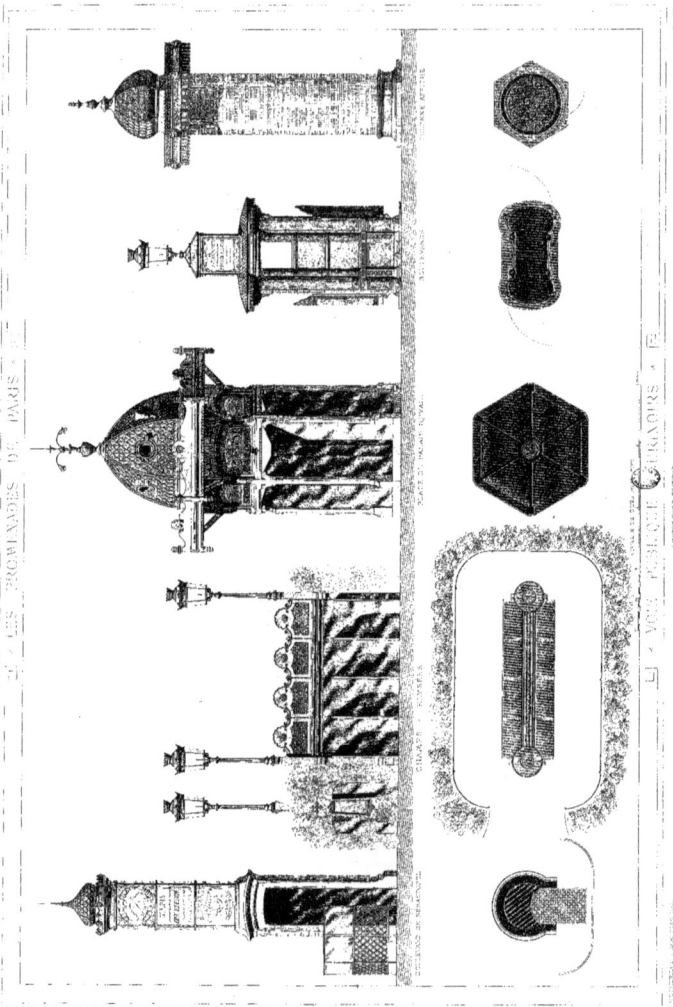

VOIE PUBLIQUE · TRACOIRS

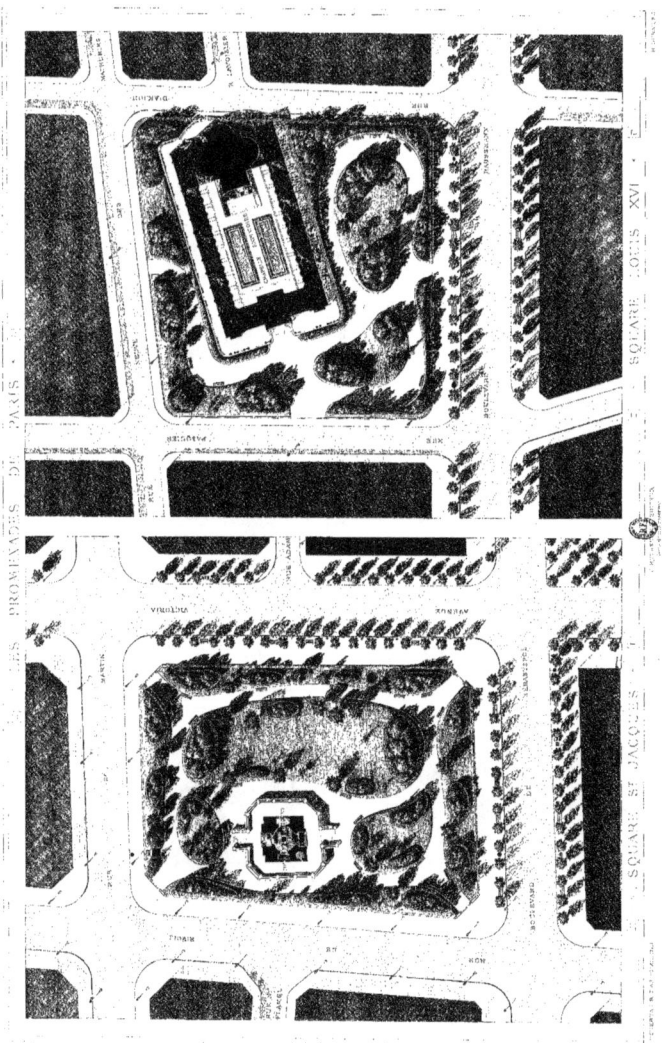

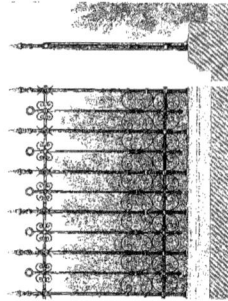

SQUARE LOUIS XVI

SQUARE DU ... .

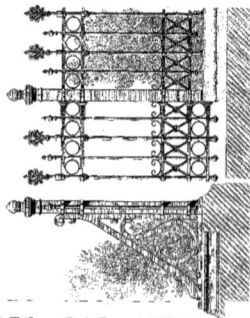

SQUARE LOUIS XV

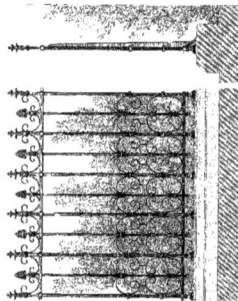

SQUARE DE CLICHY

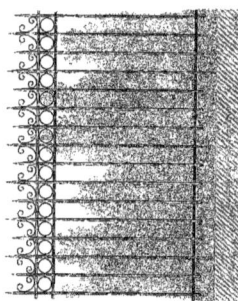

SQUARE DE LA TRINITÉ

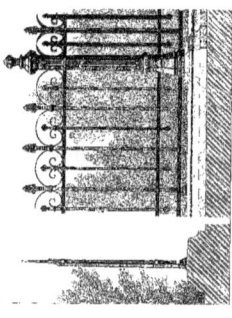

SQUARE D'ANVERS

CLOTURES DE SQUARES

LES PROMENADES DE PARIS

SQUARE DES ARTS ET MÉTIERS

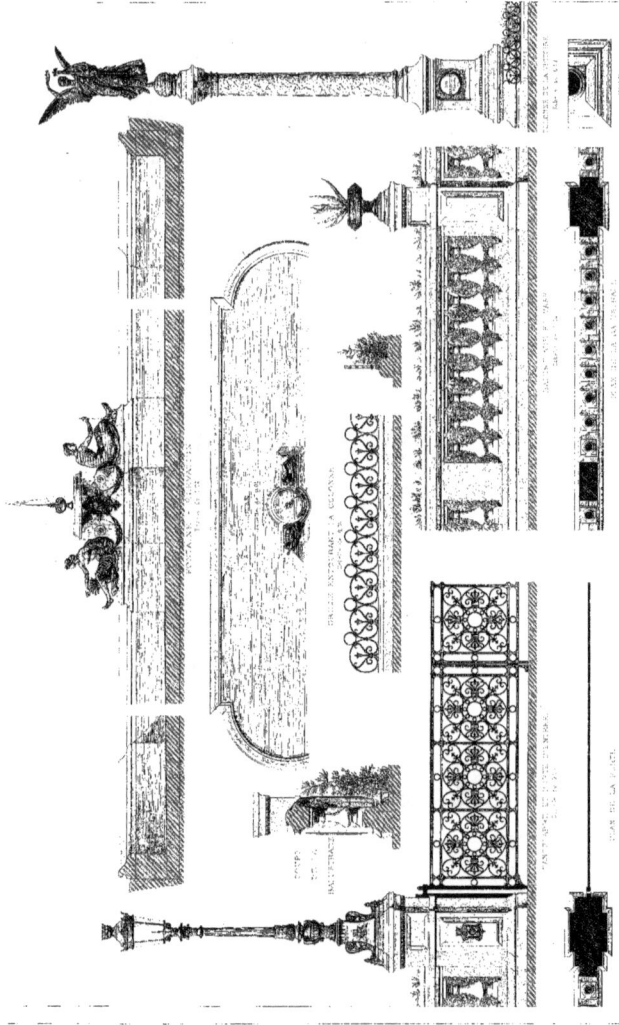

LES PROMENADES DE PARIS

SQUARE ST EUSTACHE

SQUARE DES INNOCENTS

FONTAINE DES INNOCENTS

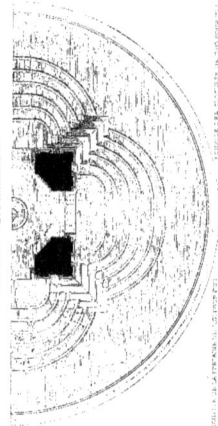

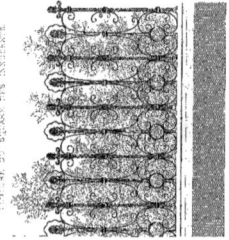

CLÔTURES DE SQUARES

FONTAINE DES INNOCENTS

LES PROMENADES DE PARIS

LE SQUARE MONTHOLON — LE SQUARE DE LA TRINITÉ

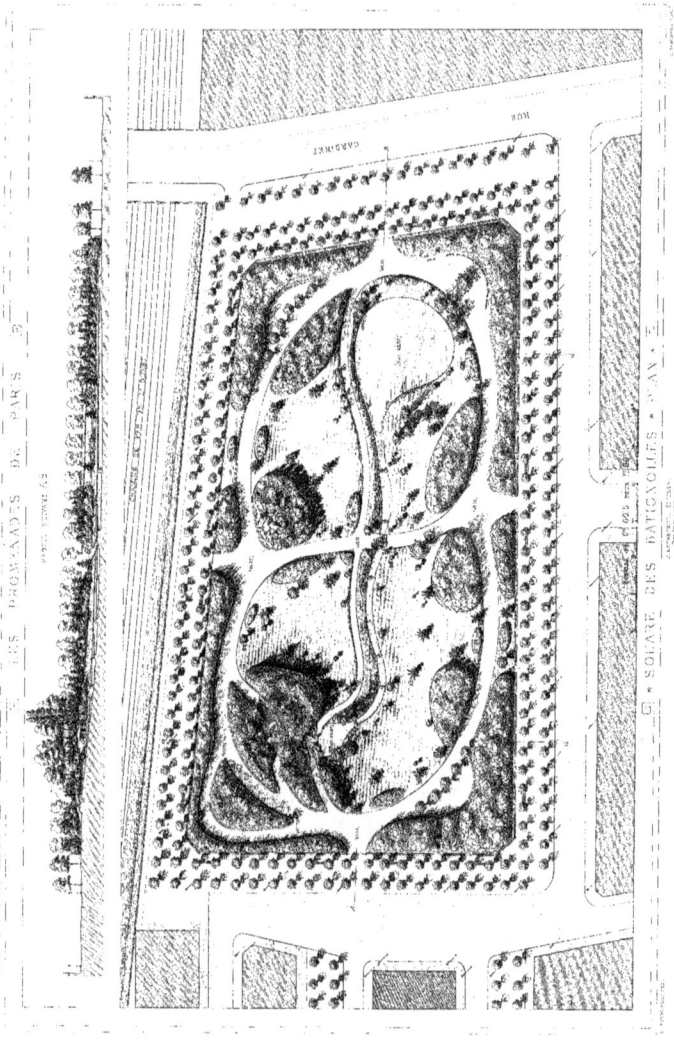

SQUARE DES BATIGNOLLES · PLAN ·

LES PROMENADES DE PARIS

SQUARE DES BATIGNOLLES, PRÈS DE L'ÉGLISE

LES PROMENADES DE PARIS

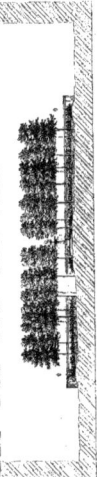

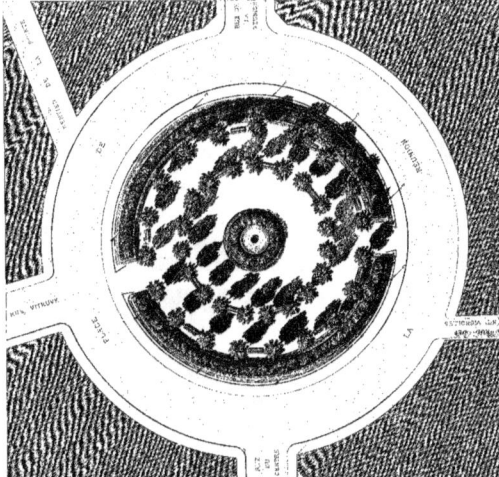

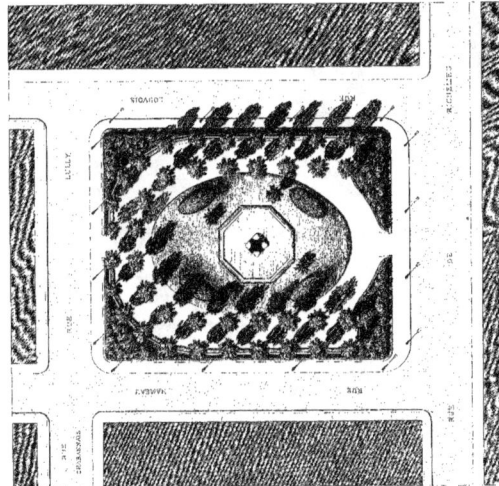

SQUARE DE LA REUNION

SQUARE LOUVOIS

· LES PROMENADES DE PARIS ·

· SQUARE DE MONTROUGE ·

E · SQUARE VINTIMILLE · E

E · SQUARE DELABORDE · E

S DE L'ÉCOLE POLYTECHNIQUE E

PROMENADES DE PARIS

PLACE STE GENEVIÈVE — SEVILLE — SQUARE D'AINCOURT — PLACE DE GRENELLE

PLACE DE L'ÉTOILE

PLACE MALESHERBES

PLACE DU CHATEAU D'EAU

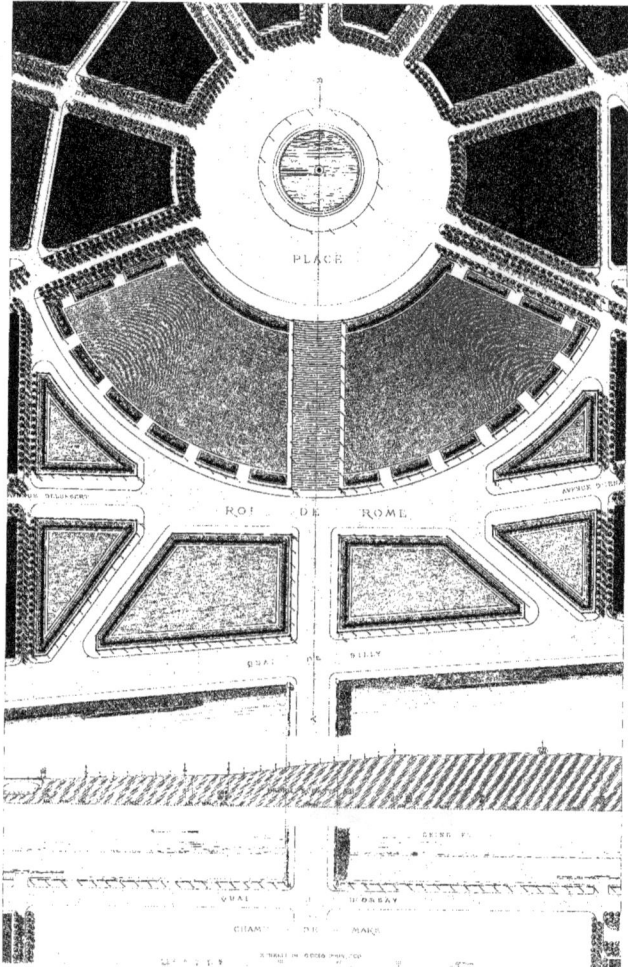

PLACE DU ROI DE ROME

AVENUE DE LA MOTTE-PICQUET

QUAI D'ORSAY

FLEUVE

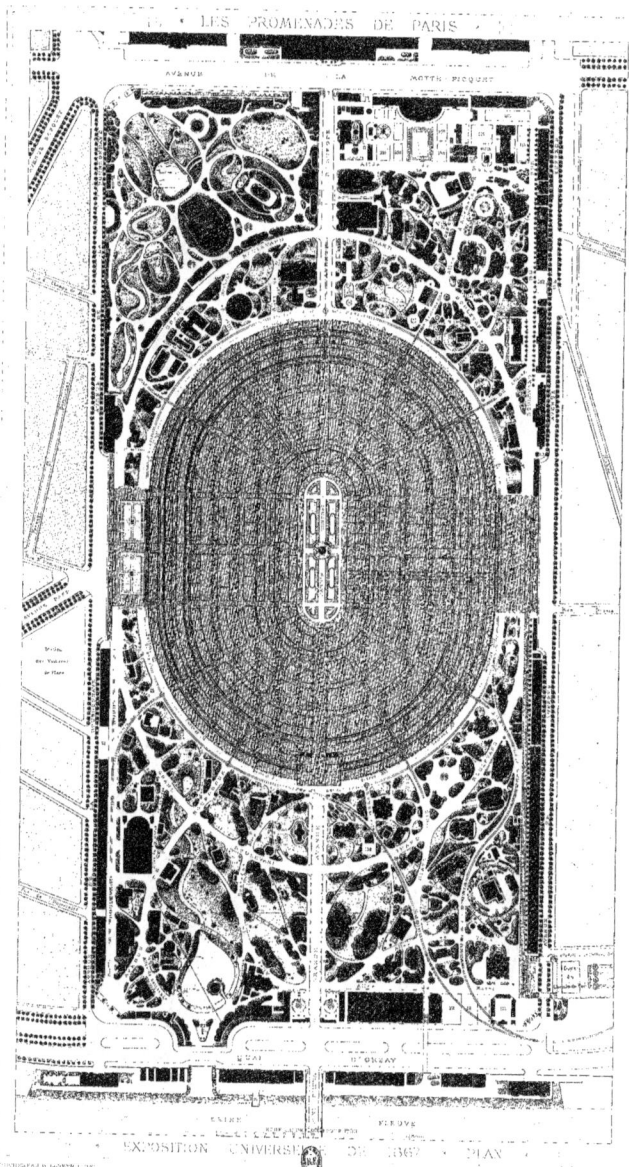

EXPOSITION UNIVERSELLE DE 1867 PLAN

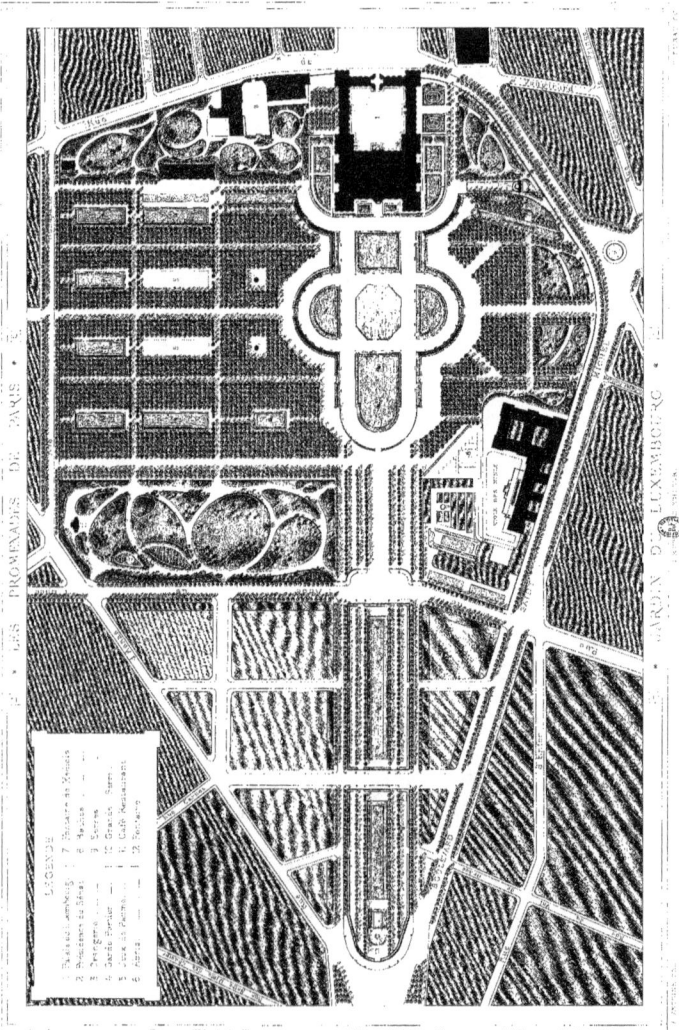

JARDIN DU LUXEMBOURG

LES PROMENADES DE PARIS

VUE DU PALAIS DU LUXEMBOURG

LES PROMENADES DE PARIS

JARDIN DU LUXEMBOURG. — FONTAINE DE MÉDICIS.

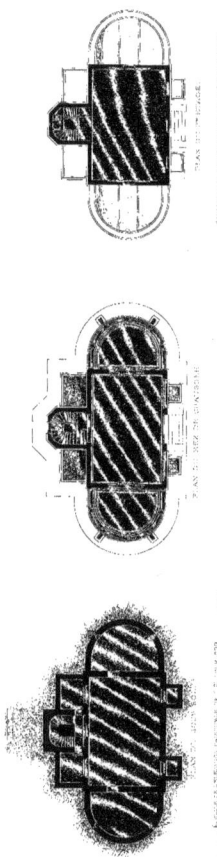

LES PROMENADES DE PARIS

ÉLÉVATION LATÉRALE

ÉLÉVATION PRINCIPALE

PLAN DU REZ DE CHAUSSÉE

PLAN DE FONDATION

PLAN DE L'ÉTAGE

MAISON DU LUXEMBOURG, CAFÉ RESTAURANT

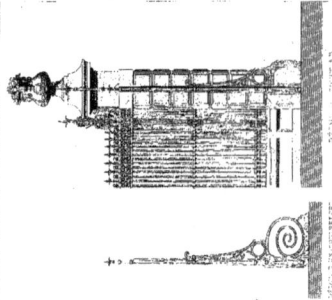
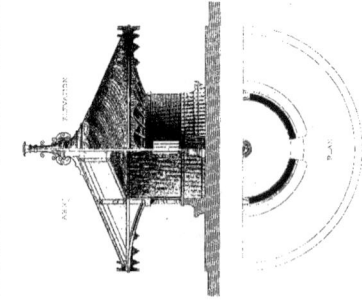
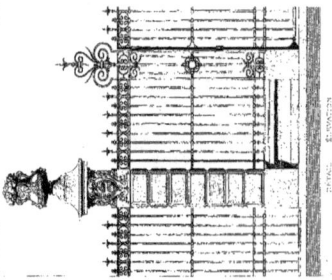

LES PROMENADES DE PARIS

JARDIN DU LUXEMBOURG — GRILLE & MUR

LES PROMENADES DE PARIS

L'AVENUE DE L'IMPÉRATRICE

VOIES PUBLIQUES · AVENUE DE L'IMPÉRIEUR

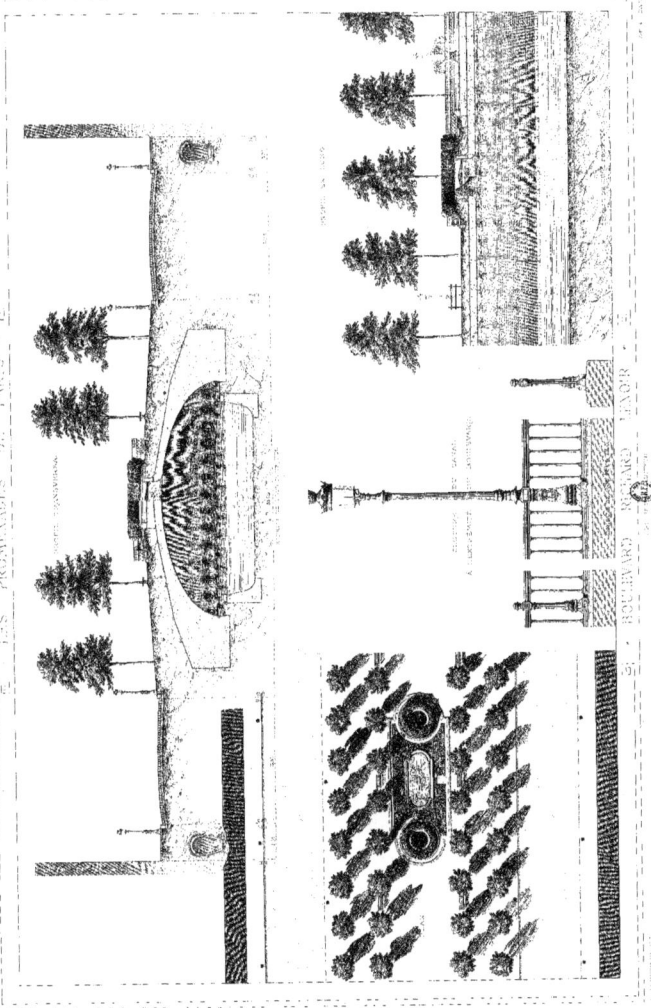

LES PROMENADES DE PARIS

BOULEVARD RICHARD LENOIR

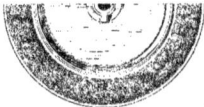

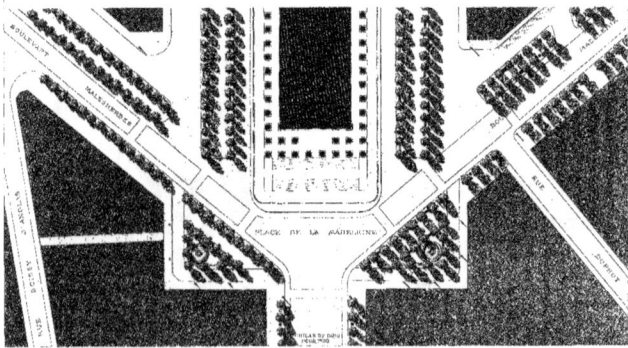

FONTAINE DE LA PLACE DE LA MADELEINE

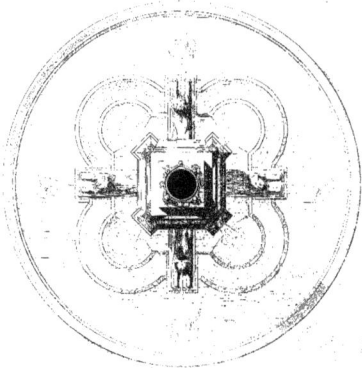

PLACE DU CHATELET · FONTAINE

LES PROMENADES DE PARIS

PROFILS DE VOIES PUBLIQUES

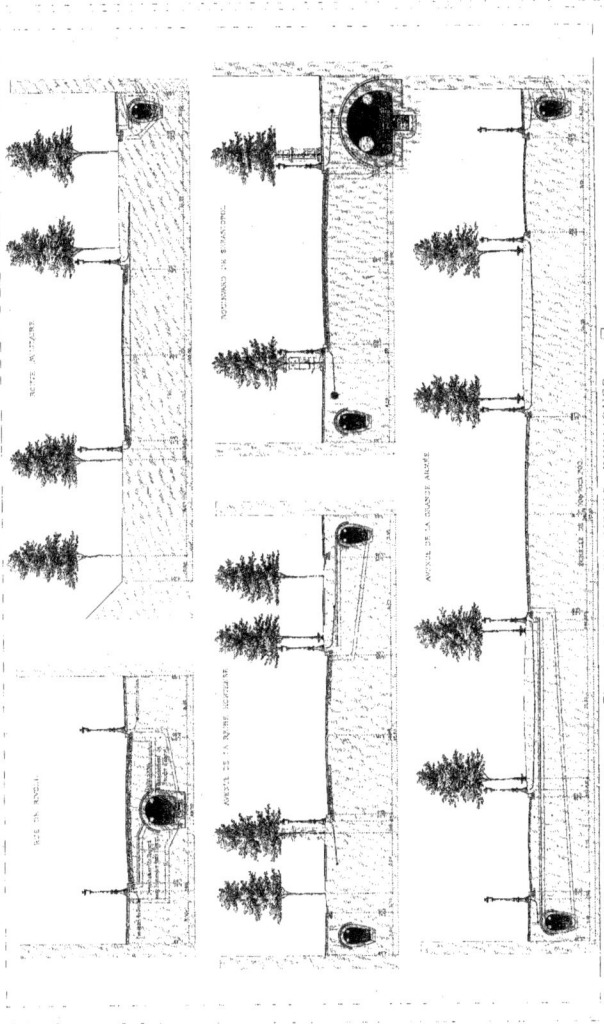

LES PROMENADES DE PARIS

PROFILS DE VOIES PUBLIQUES

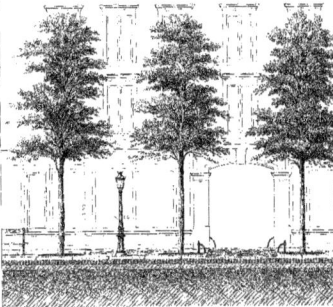

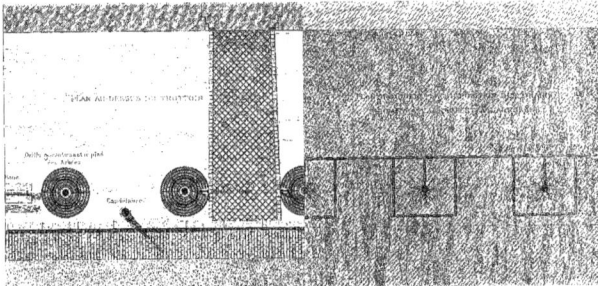

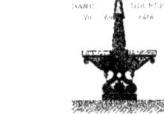

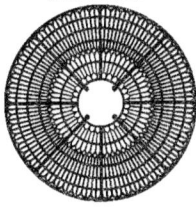

VOIE PUBLIQUE · DÉTAILS

TYPE N°1

TYPE N°2

TYPE N°3

TYPE N°4

TYPE N°5

TYPE N°6

TYPE N°7

TYPE N°8

TYPE N°9

TYPE N°10

BRANCHEMENT DE SECOURS

BRANCHEMENT DE SECOURS

TYPES DES ÉGOUTS DE PARIS

www.ingramcontent.com/pod-product-compliance
Lightning Source LLC
Chambersburg PA
CBHW071806090426
42737CB00012B/1969